おやつの時間

毎日作れる秘密のレシピ

gemomoge

はじめに

いつか、おやつについて書かせてもらいたいと思い、長らく温めていた本が、
今回やっと完成しました。

お菓子ではなく、おやつにしたい。
毎日気張らず、おみそ汁を作るように、お米を炊くように
気楽に作る、おやつについて書けたら素敵だろうなと。

毎日のおやつってバターたっぷりのリッチなクッキーや
ケーキばかりではなくて、
お団子やドーナツ、おせんべいを食べたい日だってあるし、
おにぎりやサンドイッチを頬張りたいときもあります。

作って楽しい、食べて満たされてニコニコ、
3時じゃなくてもいいし！
一日何度も食べてもいい☆

日持ちする焼き菓子もいいけれど、
できたてを食べておいしいのも、おやつの醍醐味ですね。

この本は、明日もまた作りたくなるおやつをたくさん集めた一冊です。

私が子どもの頃に家族に作ってもらい、
大人になった今も作り続けているレシピもたくさん入れています。

皆さまのおうちの定番に入れていただけたら
こんなにうれしいことはありません。

作って楽しい、食べておいしい、
おやつの本を末永くよろしくお願いします。

gemomoge

PART **1** フライパンで作る

PART **2** 鍋で作る

PART 3 ホットプレートで作る

PART 4 オーブンで作る

PART 5 冷蔵庫で作る

staff
スタイリング＆撮影／gemomoge
デザイン／柏 幸江（スタジオ・ギブ）
編集／松原京子

＼ この本の使い方 ／

＊植物性油は、米油、グレープシードオイル、サラダ油、太白ごま油など
　好みのもので構いません。
＊卵はMサイズ（1個50g）を基準にしています。
＊計量単位は大さじ1 = 15ml、小さじ1 = 5ml、1カップ = 200mlです。
＊オーブンの温度、焼き時間はあくまでも目安です。
　機種によって違いがあるので、様子をみて加減してください。
＊電子レンジは出力500Wのものを使っています。
　600Wの場合は0.8倍にしてください。
　機種によって違いがあるので、様子をみて加減してください。

材料協力　富澤商店
　　　　　オンラインショップ：https://tomiz.com/
　　　　　電話：0570-001919

PART 1

フライパン
で作る

思い立ったらすぐに作れるのが、
フライパンを使ったおやつ。
クレープやパンケーキなどの定番もののほか、
フルーツを甘く煮てデザートに仕立てたり、
キャラメルやかりんとうも作れちゃう。
ここで紹介するクレープとパンケーキは
最近注目を集めている「米粉」を使ったレシピ。
もちっとした生地で食べやすく、
小麦粉を使ったものとはまた違ったおいしさ。
ぜひチャレンジしてみてください。

米粉クレープのフルーツ包み

**米粉で作ったクレープ生地は
ちょっと香ばしくて、もちもち**

もちもちのクレープ生地を米粉で作りました。
卵たっぷりの生地をさっと焼き上げて
お好きなバリエーションでどうぞ！
そのまま食べてもおいしいですが、
今回はフルーツと生クリームを包みました。
フルーツの断面が見えるようにカットすると
華やかで特別なおやつタイムに。

材料／直径21cmのクレープ8枚分

クレープ生地
製菓用米粉*	150g
卵	2個 (100g)
植物性油	20g
牛乳	200ml
塩	1g
グラニュー糖	30g
バニラエッセンス	2滴
いちご、みかん、キウイ	各適量
生クリーム	200ml
グラニュー糖	30g

＊米粉は、富澤商店の製菓用米粉を使用。米粉は
　米の品種やメーカーなどによって生地の感じが変わります。

準　備

・いちごは洗ってヘタを取る。
・みかんは皮をむいて横半分に切り、
　キウイは皮をむいて縦4つ割りに切る。

01

ボウルに卵、油、牛乳、塩、グラニュー糖、バニラエッセンスを入れ、泡立て器でよく混ぜ合わせる。

02

米粉を加え、泡立て器でよく混ぜる。

TEXTURE
周囲に焼き色が
つくまで

03

フライパン（フッ素樹脂加工）を中火で熱し、2の生地を⅛量流し入れ、フライパンを傾けて薄く広げる。

04

生地の周囲がチリチリとしてきて、底面が焼けたら、ひっくり返し、両面焼く。

05

焼けたものはオーブンシートの上などに出す。同様にして全部で8枚焼く。

06

生クリームはボウルに入れてグラニュー糖を加え、泡立て器でしっかりと泡立てる。

07

ラップの上にクレープを広げ、泡立てたクリームを適量のせる。

08

沈めるようにフルーツをのせる。いちごは2粒、みかんは1個分、キウイは½個分。

09

上からもクリームをのせる。

10

上下をたたみ、左右もたたんで、クリームとフルーツを包む。左右をたたむときは、クリームを中に押しやるようにきつめに。

11

ラップでキュッと包み、フルーツの断面が出るカットラインを書いておく。

12

切るときはカットラインの上に包丁を入れて切る。よく切れる包丁を湯で温めてから切るときれいに切れる。

13

フルーツの断面が見えるようにカットすると華やか。そのまま器に盛る。

そのまま食べても米の甘さとうまみが感じられる、おいしいクレープ。いちごを添えるだけでも。

ホームメイド お食事米粉パンケーキ

**米粉とおからパウダーで
甘さ控えめ、体にやさしい**

甘さ控えめお食事パンケーキを米粉で作りました。
おからパウダーを入れて生地をもちっとさせ、
食品用重曹を使って香ばしく仕上げています。
甘さはほんのり感じる程度なので
どんなおかずともよく合います。
もちろんメープルシロップをかけてもおいしい。

材料／直径8cm前後のもの約30枚分

製菓用米粉*	150g
おからパウダー（p.16 参照）	40g
片栗粉	30g
ベーキングパウダー	3g
食品用重曹	3g
塩	1g
グラニュー糖	50g
卵	2個（100g）
植物性油	50g
牛乳	200ml
バニラオイル	2滴

＊米粉は、富澤商店の製菓用米粉を使用。米粉は
　米の品種やメーカーなどによって生地の感じが変わります。

01

ボウルに米粉、おからパウダー、片栗粉、ベーキングパウダー、重曹、塩、グラニュー糖を入れ、泡立て器でよく混ぜる。

02

別のボウルに卵、油、牛乳、バニラオイルを入れる。

03

泡立て器で混ぜる。ムラがないようによく混ぜること。

04

3を1のボウルに加える。

05

泡立て器でぐるぐるしっかり50回ほど混ぜる。このまま10分ほどおいて、10回ほど混ぜる。

TEXTURE
プツプツと
穴があくまで

06

フライパン（フッ素樹脂加工）を中火で熱し、5の生地を適量ずつ入れて直径8cmにする。表面にプツプツと空気穴があいてくるまで焼く。

07

ひっくり返し、両面おいしそうな焼き色をつける。焼き時間の目安は、中火で表40秒、返して15秒。

おからパウダーはイオントップバリュのおからパウダーを使用。メーカーなどによって生地の感じが変わります。
https://www.topvalu.net/items/
detail/4901810892952/

冷めても弾力がある米粉パンケーキ。バターをのせて食べるだけでもおいしいので、パンの代わりにもなります。

食べやすい長さに切ってカリカリに焼いたベーコン、メープルシロップをかけて、朝食にするのもおすすめ。

アップルパイ デザートトースト

おやつというよりデザート。カスタードがたっぷり！

スペシャルなおやつトーストです。
バターと砂糖で甘く煮たりんごと
手作りカスタードクリームで
パンをデコレーション。
カスタードクリームは
電子レンジで作るバージョンだから、
とっても手軽です。

材料／2人分

食パン（6枚切り）	2枚
バター（有塩）	20g
りんごの甘煮	
┌ りんご（果肉がかたいタイプ）	1個
│ バター（食塩不使用）	20g
│ グラニュー糖	40g
│ レモン果汁	5ml
└ レーズン	20g
カスタードクリーム（p.21参照）	適量
仕上げ用	
┌ シナモンシュガー	適量
│ 粉糖（ノンウェット*）	少々
└ ミント	少々

＊ノンウェットの粉糖……甘さ控えめで溶けにくいので、
　仕上げ用に適している。

01

りんごの甘煮を作る。りんごは芯と種の部分を除き、皮つきのまま1cm厚さに切る。

02

フライパン（フッ素樹脂加工）を弱火で熱し、バターを入れてゆっくり焦げないように溶かす。

03

1のりんごを入れて全体にバターをからめ、グラニュー糖をふり入れ、中火強で全体をゆすりながら焼きつけるようにして炒める。

04

TEXTURE
中火強で
煮からめる

焼き色がついてきたらレモン果汁を加え、溶けたグラニュー糖を煮からめる。

05

レーズンを加え、弱火にして5分ほど煮て火を止める。このまま待機。

06

食パン全体にバターをしっかりとぬる。

TEXTURE
バターは
室温に戻して

07

トースターで全体がこんがりカリカリになるまで焼く。

08

トーストしたパンにカスタードクリームをこんもりとのせる。

09

りんごの甘煮を並べ、レーズンを散らし、甘煮の煮汁をかける。シナモンシュガー、粉糖をふり、ミントを飾る。

＼レンジで作るカスタードクリーム／

材料／でき上がり約 350g 分

グラニュー糖	50g	牛乳	150ml
薄力粉	15g	バニラエッセンス	3滴
卵	2個（100g）	バター（食塩不使用）	10g

01

ボウルにグラニュー糖と薄力粉を入れ、泡立て器でよく混ぜる。

02

卵を1個ずつ加え、その都度よく混ぜる。

03

牛乳とバニラエッセンスを入れてよく混ぜる。ダマがあったら濾す。

04

電子レンジで2分加熱し、いったん取り出して泡立て器で混ぜる。再び電子レンジで2分加熱し、取り出して泡立て器で混ぜる。

05

2回加熱したら（計4分）そのあとは1分ずつ様子をみる。

06

仕上げにバターを加えて熱いうちに混ぜる。

07

熱いうちにバットに流し入れ、ラップをぴったり張りつけ、保冷剤をのせて急冷する。使うときに泡立て器で混ぜて溶きほぐす。

04 チョコレートキャラメル

１つずつオーブンシートで巻いて、プレゼントにも

バレンタインの時期にたくさん作って
配るのにぴったり。
クッキーやマフィンとはまた違う
おうちで作れるチョコレートのお菓子のひとつ。
フライパンさえあれば簡単にできるのが魅力です。
ここでは大人用に黒こしょうを入れて
アクセントをつけていますが、
子ども向けには入れないで作ってもよいです。

材料／0.5l 容量のホーロー容器＊1 個分

板チョコ（ダークやブラック）	1 枚（50g）
バター（食塩不使用）	50g
はちみつ	30g
グラニュー糖	100g
牛乳	200ml
インスタントコーヒー	2g
塩	1g
粗びき黒こしょう	少々
仕上げ用	
［ 粉糖（ノンウェット＊＊）	適量

＊ ホーロー容器は、野田琺瑯のレクタングル深型Ｓ（0.5l 容量）を使用。
＊＊ノンウェットの粉糖……甘さ控えめで溶けにくいので、仕上げ用に適している。

01

はちみつは、グラニュー糖の上に量って入れるとフライパンに入れやすい。

02

ホーロー容器にオーブンシートを敷く。チョコレートはざっと刻み、バターは5mm〜1cm角に切る。

03

フライパン（フッ素樹脂加工）に粉糖以外のすべての材料を入れ、中火にかける。

04

木ベラでときどきかき混ぜながら、クツクツと煮詰めていく。

05

大きな泡になってきたら、木ベラで底をこそぐようにして混ぜる。

TEXTURE
とろりと
してくる

06

写真くらいの粘度になったら、絶えずゆっくり混ぜながら煮詰める。

TEXTURE
さらに
とろりと

07

木ベラで混ぜたとき、鍋底が1秒ほどしっかり見える程度に煮詰める。煮詰めが甘いと生キャラメルになる。

08

火からおろしてよく混ぜる。気泡がなくなり、分離している油が乳化するまで。

TEXTURE
なめらかに
なるまで

09

2のホーロー容器に流し入れ、粗熱が取れたらラップをして冷蔵庫で冷やす。

10	11	12

冷えてかたまったらホーロー容器から取り出す。	包丁で切る。かたくて切れない場合は少し室温に戻すと切りやすい。	仕上げに粉糖をまぶしてでき上がり。ホーロー容器に入れて冷蔵庫で保存。

\ キャラメルアレンジ /
ナッツチョコキャラメル

材料

チョコレートキャラメルの材料	全量
無塩ミックスナッツ	80g
柿の種	20g

作り方

チョコレートキャラメルと基本的には同じ。
作り方 8 で無塩ミックスナッツと柿の種を入れて、手早く混ぜて、すぐにホーロー容器に流し入れる。

05 ノンオイルで作るパン耳かりんとう

カリッ、ポリッ！
食べ出したら、止まらない

キッチンに残っている食パンの耳を
子どもたちの大好きなおやつに大変身させるのも
おうちおやつの楽しいところです。
このかりんとうも我が家で大人気。
オーブンで乾燥させてから、
フライパンで味をからめるだけ。
油を使っていないから、ヘルシーなおいしさです。

材料／作りやすい分量

プレーンタイプ
┌ パンの耳 ……………………… 4枚分
│ きび砂糖 ……………………… 60 ～ 100g *
└ 水 ……………………………… 50ml

ごまタイプ
┌ パンの耳 ……………………… 4枚分
│ きび砂糖 ……………………… 60 ～ 100g *
│ 水 ……………………………… 50ml
└ 黒炒りごま …………………… 30g くらい

＊きび砂糖の量はお好みで増減 OK。
　100g だと全体に砂糖がつく。

01

プレーンタイプを作る。パンの耳は
1cm幅のスティック状に切る。

02

天板にオーブンシート
を敷き、できるだけ重
ならないように並べる。

TEXTURE
同じ大きさに
切り揃えて

03

100℃のオーブンに30分入れる。
カリカリにしたいだけなので、焼き
色はつかない。カリカリになってい
なかったら5分ずつ延長する。

04

フライパン（フッ素樹脂加工）にきび砂糖と水を入れて中火にかけ、泡が大き
くなってとろみがつくまで煮詰める。

05

3のカリカリに乾燥させたパンの耳
を入れる。

06

上下を入れ替えながら、カラメルの
糸がひくまで全体にからめる。

07

オーブンシートの上に取り出し、くっつかないうちに1本ずつ離して冷ます。
やけどに注意。

08

ごまタイプを作る。作り方1～4を参照して同様にすすめ、煮詰める途中、ごまを加えて少し温める。

09

パンの耳を入れ、全体にからめる。オーブンシートの上に取り出し、くっつかないうちに1本ずつ離して冷ます。

かりんとうアレンジ
おつまみガーリックかりんとう

材料

パンの耳	4枚分
オリーブオイル	20g
バター（食塩不使用）	20g
おろしにんにく	10g
ドライバジル、塩	各適量

作り方

1　左ページの作り方1～3を参照してパンの耳をカリカリに焼き、半分に折る。

2　フライパン（フッ素樹脂加工）にオリーブオイルとバターを入れて弱火にかけ、バターが溶けたらおろしにんにくを加え、焦がさないようにしてクツクツと5分ほど煮る。

3　1のパンの耳を加え、全体にからめながら中火でカリッとするまで炒める。バジルと塩をふる。

我が家で人気のパンケーキ弁当

おやつや朝食に大活躍のパンケーキですが、
我が家ではお弁当にもたまに入るアイテムです。
パンケーキは冷めてもやわらかく、弾力があるので、
実はお弁当にもおすすめなんです。

特に幼稚園のお弁当作りにはよく登場しました。
偏食気味だった息子はお弁当を全部食べきるのが難しく、
いつも残し気味でした。そんなとき、小さめに焼いたパンケーキと
薄焼き卵、ハムのソテーをお弁当箱に入れて持たせたら、
初めて完食して帰ってきたんです。
自分で好きにはさんで食べるのが楽しかったみたいです。

パンケーキは夜のうちに焼いておき、朝はお弁当箱に詰めるだけ。
薄焼き卵やハムのソテーをパンケーキではさみやすい大きさに切り、
彩りにレタスやミニトマト、きゅうりを添えます。
パンケーキ同士がくっつかないようにオーブンシートをはさみながら
並べて詰めるのがポイントです。

PART 2

鍋

で 作 る

―――――――

「揚げる」「蒸す」などの調理法のお菓子は
鍋を使って作るのがコツです。
ドーナツはフライパンより深めの鍋で揚げた方が
おいしく失敗なく仕上がります。
また、鍋に蒸しザルをセットすれば、蒸し器に変身。
なめらかプリンやふんわり蒸しケーキが
いつでも手軽に楽しめます。
ここでは、私の十八番のジンジャーシロップも紹介。
炭酸水を注げばジンジャーエール、
お湯を注げばホットジンジャーティーになります。

06 カリふわっ昔ドーナツ

**揚げたてを頬張れるのは
おうちならではの楽しみ**

もちっとしたパン生地を型で抜いて
油でサクッと揚げて、
砂糖をまぶして食べるシンプルなドーナツ。
外はカリカリ、中はふわふわ、
イーストで作る昭和の素朴なおやつです。
1つ2つとおかわりして、
あっという間になくなる
何とも言えないおいしさ。
ここでは丸型で抜いていますが、
ドーナツ型で抜いてももちろんOK！

材料／直径7cmの丸型で抜いて10〜11個分

薄力粉	100g
強力粉	200g
きび砂糖	40g
塩	4g
ドライイースト	5g
植物性油	30g
牛乳	170ml
揚げ油	適量
仕上げ用	
[グラニュー糖	適量

01

ボウルに薄力粉、強力粉、きび砂糖、塩、ドライイースト、油、牛乳を入れる。

02

箸などでぐるぐると混ぜてまとめ、さらに拳で押してまとめる。

03

手で15分ほどこねる。表面がつるっとしてきたらOK。

TEXTURE
表面がつるっとするまで

04

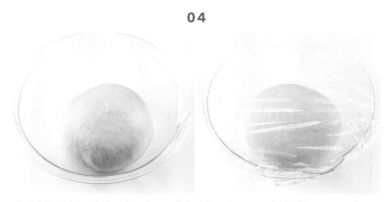

生地を取り出し、生地の表面を下に巻き込むようにして生地を張らせてまとめ、とじ目を下にしてボウルに入れる。ラップをして一次発酵させる。

05

室温で2倍になるまで発酵させる。時間や温度ではなく、「2倍になるまで」を目安に。

06

指に薄力粉（分量外）をつけて穴をあけ、穴が縮まなかったら一次発酵終了。

07

オーブンシートを10cm角に切ったものを10〜11枚用意する。

08

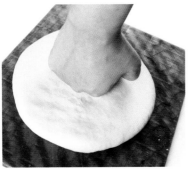

発酵が終わった生地を台の上に取り出し、1cmほどの厚み
にやさしく押しのばす。

TEXTURE
厚さは
1cmほど

09

直径7cmの丸型で抜く。余った生
地はこねずにやさしくまとめて丸く
し、同じようにのばして抜く。最後
に余った生地は丸める。

10

7のオーブンシートにのせ、ラップをして二次発酵させる。

11

ひと回り大きくなったらOK。二次
発酵終了。

12

揚げ油を170～180℃に熱し、11の生地を2～3個ずつ入れ、両面こんがり
するまで揚げる。時間の目安は1分だが、焦げそうになったら引き上げる。

13

網の上に取って油をきり、粗熱が取れ
たら温かいうちにグラニュー糖をま
ぶす。たっぷりまぶすのがおすすめ。

みんなが好きな
クッキードーナツ

ドーナツと言えばこれ！　という人も多いでしょう。
サクサクの外側がクッキーみたいなドーナツです。
中はしっとりとして食感もよく、飽きないおいしさ。
私が子どもの頃、
母によく作ってもらっていた思い出の味です。
丸く抜いた真ん中の小さい生地も一緒に揚げてドーナツに。
なぜだか特別感があって、これまたおいしく感じます。

材料／直径7cmのリングドーナツ9〜10個分

薄力粉	300g
ベーキングパウダー	5g
塩	5g
ナツメグ（好みで）	少々
バター（食塩不使用）	70g
グラニュー糖	100g
卵	1個（50〜60g）
ギリシャヨーグルト（プレーン）	50g
牛乳	20〜30ml
揚げ油	適量
グレーズ	
粉糖	100g
水	30ml
バニラエッセンス	2滴
塩	少々

準　備

・バターは室温に戻してやわらかくする。
・卵は室温に戻して割りほぐす。ヨーグルトも室温に戻す。

01

ボウルに薄力粉、ベーキングパウダー、塩、ナツメグを入れて泡立て器で混ぜる。

02

別のボウルにバターを入れて泡立て器でやわらかくなるまで混ぜ、グラニュー糖を加えて白っぽくなるまでよく混ぜる。

03

割りほぐした卵を少しずつ入れてよく混ぜ、ヨーグルトを加えてさらによく混ぜる。

04

3をすぐに1の粉類のボウルに加えて切るように混ぜ、牛乳を様子をみながら足して切るように混ぜてまとめる。

05

ざっと長方形にまとめてラップで包み、冷蔵庫で30分以上休ませる。

06

オーブンシートの上に5の生地をおいてラップをのせ、1cm強の厚さにのばす。

07

型で抜く。ドーナツ抜型があれば使う。なければ直径7cmの丸型と直径3cmの丸型を組み合わせて使う。オーブンシートの上に並べる。

08

中央も抜いてリング状にすると、こんな感じ。※余った生地は適当にまとめてラップをして冷蔵庫に入れ、かたくなったら同様にのばして抜く。

09

生地の下に敷いたオーブンシートを四角く切り分けて1個ずつにし、ナイフで表面に少し傷を入れる。揚げると、ここが割れて表情が出る。

TEXTURE
じっくり
揚げて

10

揚げ油を170℃に熱し、生地をオーブンシートごと入れ、少ししたらオーブンシートは取り出す。色づいてきたらひっくり返して両面揚げる。

11

網にのせてしっかり油をきる。

12

グレーズを作る。ボウルにグレーズの材料をすべて入れて混ぜ、とろりとさせる。

TEXTURE
とろりと
するまで

13

ドーナツの半量にグレーズをつける。ドーナツの割れ目のある面をグレーズに浸し、そっと持ち上げる、落ちるグレーズは全部落とす。

14

網にのせてグレーズがかたまるまで乾かす。これで2種類のリングドーナツが完成。

まんまる蒸しケーキ

**蒸したてアツアツを
召し上がれ！**

鍋を蒸し器代わりにして作る、
しっとりとした蒸しケーキです。
ふわりと高さが出るように、
プリン型に入れて蒸すのがポイント。
蒸し上がったところから温かいうちに食べると、幸せな気分。
冷めたら、ラップをして少し電子レンジにかけて温めると、
ふんわり感とおいしさが戻ります。
今回は、プレーンのほか、ココア味と抹茶味も作りました。

材料／200ml 容量のプリン型各3個分

プレーン

卵	2個（100g）	
グラニュー糖	50g	
植物性油	20g	
練乳	30g	
牛乳	30ml	
A	薄力粉	100g
	ベーキングパウダー	5g

ココア味

卵	2個（100g）	
グラニュー糖	60g	
植物性油	20g	
練乳	30g	
牛乳	30ml	
B	薄力粉	90g
	ココアパウダー	10g
	ベーキングパウダー	5g

抹茶味

卵	2個（100g）	
グラニュー糖	60g	
植物性油	20g	
練乳	30g	
牛乳	30ml	
C	薄力粉	95g
	抹茶	5g
	ベーキングパウダー	5g

01

プリン型にグラシンカップを入れる。

02

ボウルに卵、グラニュー糖、油、練乳、牛乳を入れ、泡立て器でよく混ぜる。練乳が混ざりにくいのでよく混ぜること。

03

別のボウルに A を入れ、泡立て器でよく混ぜる。

04

2 を 3 のボウルに加え、なめらかになるまで、しっかり混ぜる。

05

1 のプリン型に流し入れる。グラシンカップの上まで入れると、プリン型の上まで膨らむ。

06

鍋に蒸しザルをセットしてザルの下まで水を張り、中火にかけ、沸騰したら弱火にし、5 をおく。やけどしないように注意。

07

キッチンペーパーをかませてふたをし、蒸気の立った状態で 18 〜 20 分蒸す。ペーパーをかませると水滴が落ちないので仕上がりがきれい。

08

蒸し上がり。まんまるに蒸し上がっ
てかわいい。蒸し器から取り出す。

09

プリン型から取り出して完成。ココ
ア味と抹茶味も同様にして作るが、
A の代わりにココア味は B、抹茶味
は C を入れる。

09 蒸しプリン

**蒸して作るとちょっと懐かしく、
やさしい食べ心地**

おうちおやつの大定番・プリンを、
鍋を蒸し器にして作ります。
ぷるっとかためな仕上がりにして
お皿にひっくり返す瞬間まで楽しめる、
エンターテインメントおやつです。
甘さ控えめのプリンに多めのカラメルソース、
このバランスが好き。
子どもたちには、ラム酒を入れないで作ります。

材料／200ml 容量のプリン型3個分

卵	3個（150g）
牛乳	300g
グラニュー糖	30g
練乳	20g
ラム酒	10ml
バニラエッセンス	5滴
カラメルソース	
┌ グラニュー糖	50g
└ 湯	10ml
チェリー（缶詰）	適量

01

カラメルソースを作る。鍋にグラニュー糖を入れて中火で熱し、色づいてきたら、混ぜずに鍋をゆする。

02

煙が上がったら火からおろし、余熱でさらに色をつけ、湯を加えてゆるめる。はねるので注意。

03

プリン型に3等分にして入れておく。

04

TEXTURE
きれいに
混ざる

ボウルに卵を入れ、ラム酒とバニラエッセンスを加え、ナイフを使って卵を切るように泡立てずに混ぜる。

05

別のボウルに牛乳、グラニュー糖、練乳を入れて電子レンジで約1分30秒加熱。加熱後、軽く底から泡立てないように泡立て器で混ぜる。

06

TEXTURE
少しずつ
混ぜる

5を4の卵液のボウルに入れながら混ぜる。泡立て器をボウルの底につけて切るように混ぜること。

07

万能濾し器で2回濾し、さらにそのあと茶濾しで1回濾す。3のプリン型に注ぎ入れる。

TEXTURE
これだけ
引っかかる

08

鍋に蒸しザルをセットしてザルの下まで水を張り、布巾を巻きつけたふたをのせて中火にかけ、沸騰したら弱火にする。

09

ザルの上に**7**をおき、再びふたをして中火にし、沸騰したら弱火にして4分蒸し、さらにとろ火で4分蒸す。

10

火を止めてそのまま余熱で火を通す。これで蒸し上がり。表面がフルフルしているけど弾力もある感じ。粗熱が取れたら冷蔵庫に入れて冷やす。

11

TEXTURE
縁を押して
空気を入れる

プリンの縁をスプーンで軽く押し、ナイフでぐるっと側面をはずす。器にひっくり返して前後にゆすり、型から出してチェリーを飾る。

蒸しプリンアレンジ
\ プリンアラモード /

蒸しプリンに数種類のフルーツ、ウエハース、ホイップクリームでデコレーションすると、ちょっと贅沢なおやつに。ケーキに負けない華やかさ。

自家製ジンジャーシロップを作れば おいしさも格別

寒くなってくると白ワイン1本分を仕込んで、
ひと冬ずっと活躍するジンジャーシロップ。
紅茶に入れたり、ゼリーにしたり、
お酒に混ぜたりと楽しみ方はいろいろ。
今回は定番のジンジャーエールと
ホットアップルジンジャーをご紹介します。

材料／1人分

ジンジャーシロップ（でき上がり約150ml）
- しょうが（大きめ）………100g
- きび砂糖………150g
- 水………200ml
- 白ワイン………200ml

ジンジャーエール
- ジンジャーシロップ………25ml
- シロップ内のしょうが………3枚
- ライム果汁………少々
- 氷………適量
- 炭酸水………150ml
- ミント………適量

ホットアップルジンジャー
- りんご………¼個（40gくらい）
- ジンジャーシロップ………25ml
- 熱湯………100ml

＼ジンジャーシロップを作る／

01

しょうがは皮つきのままきれいに洗って乾かし、5mm厚さに切る。

02

鍋にしょうが、きび砂糖、水、白ワインを入れて中火にかけ、混ぜながらきび砂糖を溶かし、沸騰させる。

03

弱火にし、煮汁が半分くらいになるまで30分ほど煮る。

04

万能濾し器で濾してでき上がり。冷めたら、しょうがも一緒に保存瓶に入れる。

【ジンジャーエール】

ジンジャーシロップ、しょうが、ライム果汁、氷をグラスに入れる。

↓

炭酸水を氷めがけてゆっくり注ぎ、ミントを飾る。飲むときは全体を混ぜる。

【ホットアップルジンジャー】

りんごは皮つきのまま小角切りにして耐熱カップに入れ、ジンジャーシロップを加え、電子レンジで約1分加熱する。

↓

熱湯を加えて混ぜる。

PART 3

ホットプレート
で作る

手作りのおやつは、ただ味がおいしいというだけでなく、
みんなで作る時間も楽しさのひとつ。
そんなときに活躍するのが、ホットプレート。
パンケーキの生地がふんわり膨れてくるのを
ワクワクしながら待ったり、
餅が香ばしく焼けたら箸でひっくり返したり。
手作りのおせんべいも簡単にできるのが魅力。
ホットプレートを囲んでみんなで食べると
いつになくおいしく感じるはず。
記憶に残る幸せな時間になります。

11 スペシャルスフレパンケーキ

**スフレみたいなふんわり食感。
じっくり焼くからおいしい**

おやつの時間だけでなく、
時間のある休日のランチにも焼く
スペシャルなパンケーキと言えば、スフレパンケーキ。
粉糖とメープルシロップをかけていただくほか、
手で持って食べられるやわらかさに仕上げているので、
そのままパクッといっても OK。
焼いたそばから完売！　一度お試しください。

材料／2枚分

卵（L サイズ）	1個（60g）
牛乳	15ml
バニラエッセンス	少々
薄力粉	15g
片栗粉	5 g
グラニュー糖	10g
仕上げ用	
┌ 粉糖（ノンウェット*。好みで）	適量
└ メープルシロップ（好みで）	適量

*ノンウェットの粉糖……甘さ控えめで溶けにくいので、
仕上げ用に適している。

01

卵は卵黄と卵白に分ける。

02

卵黄に牛乳とバニラエッセンスを加え、泡立て器でよく混ぜる。

03

薄力粉と片栗粉を加え、さらによく混ぜる。

04

メレンゲを作る。大きめのボウルに卵白とグラニュー糖を入れてハンドミキサーで泡立てる。

05

混ぜたとき、跡が残るくらいまでしっかりと泡立てる。

06

5のメレンゲの半量を3のボウルに入れ、泡立て器でさっくりと混ぜ合わせる。

07

残りのメレンゲを加えてゴムベラで
さっくりと混ぜ合わせる。

08

生地の完成。

09

ホットプレートを低温で温め、8 の
生地を半量ずつ、こんもりとのせる。

10

ふたをして、3 分ほど焼き、ふたを取って表面が乾いた感じになって底面も焼
けたら OK。

11

フライ返しなどでひっくり返し、ふ
たをして 3 分焼き、中まで火を通す。
器に取り、好みで粉糖とメープルシ
ロップをかける。

12 あんこ焼き餅

みんなで焼いて楽しむ
小倉あんのおやつ

ホットプレートを囲んで、ワイワイみんなで
楽しみながら作って食べる、和風のおやつ。
生地を丸めて、あんこを包むのも、みんなでやれば
さらに楽しい時間。
表面は香ばしく、ひと口頬張ればもちもち。
白玉粉に米粉を合わせた歯切れのよい生地が魅力です。

材料／約13個分

白玉粉	150g
製菓用米粉*	30g
塩	1g
グラニュー糖	30g
絹ごし豆腐	150g
植物性油	適量
水	30～35ml
小倉あん（市販）	200gくらい

＊米粉は、富澤商店の製菓用米粉を使用。
　米粉は米の品種やメーカーなどによって生地の感じが変わります。

01

ボウルに白玉粉、米粉、塩、グラニュー糖を入れ、泡立て器でよく混ぜる。

02

豆腐の水気をきって加える。豆腐を入れるとなめらかになる。

03

手でもみ込むようにして、全体になじませながらムラなく混ぜる。

04

豆腐の水加減をみながら水を少しずつ足し、ひとつにまとまるくらいまでこねる。水は 30 〜 35ml が目安。

05

なめらかになるまでこねる。指でぐっと押せるくらい。

TEXTURE
割ると
こんな感じ

06

30g ずつ丸め、バットなどに並べ、乾燥しないようにラップなどをかけて待機。

07

小倉あんを 15g ずつに丸める。これもバットなどに並べる。

08

6 の生地を、真ん中を厚め、周りを薄く広げる。

09

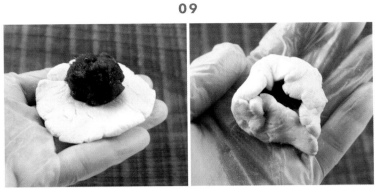

手にのせ、真ん中に小倉あんをのせ、生地を破かないようにしながらやさしく包む。

10

小倉あんが出ないように包み、両手でころころと丸める。

11

ゆっくりとつぶして1cm強くらいの厚さに整える。バットなどに並べ、乾燥しないようにラップなどをかけて待機。

12

ホットプレートに薄く油をひいて中温に熱し、11 をのせて中温と低温の間で焼く。焼き目がついたらひっくり返す。

13

ふたを少しずらして焼く。全体がふっくらして透き通ったらOK。

14

ふたを取り、強火にして両面を返しながら焼いてカリッとさせる。

13 カリカリご飯せんべい

**食べ出したら止まらない、
手焼きのおいしさ**

冷やご飯で作る、香ばしいおせんべいです。
ご飯をつぶしてホットプレートにのせ、
ゆっくりカリカリに仕上げます。
化学調味料や添加物などが一切入っていないから
体にもやさしく、お米のおいしさがそのまま。
ここでは味つけを変えて3種ご紹介します。
椅子に座ってゆっくり焼き上げる楽しさを皆さんで！

材料／作りやすい分量

冷やご飯	300g
植物性油	適量
焼きじょうゆ味	
しょうゆ	20ml
グラニュー糖	5g
ごまオリーブ塩味	
黒炒りごま	3g
オリーブオイル	20g
塩	5g
チーズバジル味	
パルメザン粉チーズ	5g
塩	2g
ドライバジル	適量

01

冷やご飯を用意し、3等分にする。玄米ご飯や雑穀ご飯などを使っても。

02

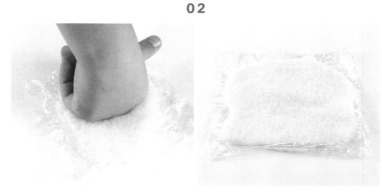

焼きじょうゆ味のせんべいを作る。ご飯をラップでゆるく包み、手で押しのばす。3〜4mm厚さにのばすとカリッとおいしく仕上がる。

TEXTURE
縁を
カリカリに

03

ホットプレートに薄く油をひいて中温に熱し、2を入れ、表面がかたまって色づいてきたらひっくり返し、同じくらいまで焼く。

04

高温にし、キッチンバサミで切れるかたさになったら、好きな形に切り分け、ひっくり返しながら両面にしっかり焼き色をつける。

05

しょうゆとグラニュー糖を混ぜて、グラニュー糖を溶かす。

06

4のせんべいが茶色っぽくなってきたら、5をハケで両面にぬる。

07

ひっくり返しながらカリカリに香ばしくなるまで焼いて完成。

08

ごまオリーブ塩味のせんべいを作る。冷やご飯にごまを混ぜ、作り方2〜4と同様に、押しのばして切り分けてしっかり焼く。

09

オリーブオイルと塩をよく混ぜる。

10

8のせんべいが茶色っぽくなってきたら、9をハケで両面にぬり、カリカリに香ばしくなるまで焼いて完成。

11

チーズバジル味のせんべいを作る。パルメザン粉チーズ、塩、ドライバジルを混ぜておく。

12

作り方2〜4と同様に押しのばして切り分けてしっかり焼き、11をふりかける。せんべいにからめるようにして炒め合わせ、香ばしくなったら完成。

知っておきたい材料のこと

01. 製菓用米粉と
製パン用米粉について

この本では米粉を使ったメニューをいくつか紹介していますが、米粉はここ数年で一般家庭でも手に入りやすくなり、家庭で作る米粉のお菓子やパンもメジャーになってきたなと感じています。しかし、米粉は吸水率や細かさが商品によってさまざまなので、レシピと同じ米粉を使うことが成功の鍵で

あり、おいしく作る秘訣になります。
この本で使った米粉は、お菓子には富澤商店の製菓用米粉。パンには富澤商店のパン用米粉「ミズホチカラ」。米粉の種類を変えると、でき上がりが大きく違ってくるので、ぜひレシピと同じ米粉で作ってみてください。

02. 重曹について

私はふくらし粉としてベーキングパウダーと食品用重曹を組み合わせて使うことが多いです。たとえば、卵を使わないレシピだと焼き色がきれいに出にくいので、重曹を少し入れることでおいしそうな焼き色がつき、香ばしい風味になります。
また、ふんわりもちっとした感触も

重曹ならでは。同時に少し塩味も与えてくれます。今回紹介している「ホームメイドお食事米粉パンケーキ」(p.14参照) も、重曹を入れることでぐっとおいしくなっています。重曹の配合にはこだわっているので、ベーキングパウダーで代用せず、ぜひ重曹を使ってみてください。

03. おからパウダーについて

大豆が原料のおからを乾燥させたもの。小麦粉や片栗粉の代わりに幅広く使えます。パンケーキに入れると生地がもちっとします。私が使っているの

はイオントップバリュのもの。国産大豆使用で、おからの主張がなく使いやすいです。

PART 4

オーブン

で作る

クッキー、スコーン、マフィンといったおやつの定番から
カップケーキやホールケーキまで、
作ってみたいおやつが目白押し。
オーブンで作るお菓子は難しいと思われがちですが、
オーブンに入れてしまえば、
あとは焼き上がりを待つだけだから、思いのほか簡単。
オーブンから漂う甘い香りにワクワクします。
ここでは、パウンド型で作る米粉パンも紹介。
バターやジャムをつけて食べるだけでなく、
あんバターサンドも我が家の人気メニューです。

塩バニラクッキー

みんな大好き、
バターが香るクッキー

口の中に入れるとほろほろっとくずれる、
おいしいクッキーです。
バターと卵と小麦粉で作る基本のクッキー生地に
バニラオイルと塩を足して、ちょっとリッチに仕上げます。
そのまま食べるのはもちろん、粉糖をかけておくと
しっとりとした表面とざっくりとしたクッキー生地の、
味と食感のコントラストが楽しめます。

材料／直径4〜5cmの丸型約30枚分

薄力粉	100g
強力粉	100g
ベーキングパウダー	1g
塩	1.5g
バター（食塩不使用）	100g
グラニュー糖	80g
溶き卵	½個分（25g）
バニラオイル	3滴
仕上げ用	
□ 粉糖	適量

準 備

・バターは室温に戻してやわらかくする。

01

ボウルに薄力粉、強力粉、ベーキングパウダー、塩を入れて泡立て器で混ぜる。

02

別のボウルにバターを入れ、泡立て器で白くふんわりするまで混ぜ、グラニュー糖を加える。

03

さらにふわっとするまでよく混ぜる。

TEXTURE
白く
ふわっと

04

溶き卵、バニラオイルを加えてよく混ぜる。

TEXTURE
ツヤが出て
しっとり

05

4のボウルに1の粉類を加え、ヘラで切るようにしながら混ぜる。

06

生地のでき上がり。

07

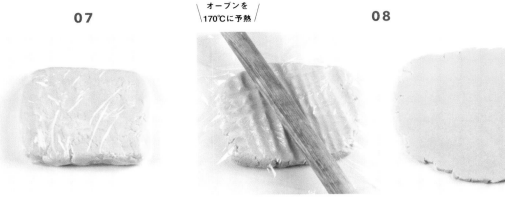

ざっと長方形にしてラップで包み、冷蔵庫で30分以上休ませる。

オーブンを170℃に予熱

08

ラップを取ってオーブンシートの上にのせ、上からラップをかけ、生地がまだ冷たいうちにめん棒で6mmほどの厚さに押しのばす。

09

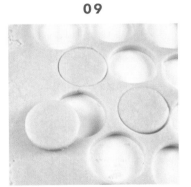

ラップをはずして、直径4〜5cmの丸型で抜く。

10

残った生地はまとめて、同じようにのばして抜く。生地がやわらかくなってきたら、すかさず冷蔵庫に入れて冷やす。

11

オーブンシートを敷いた天板に並べ、170℃のオーブンで20〜25分焼く。焼く前に生地がやわらかくなっていたら、冷蔵庫に入れて冷やしてから焼く。

12

こんがりとしたら、焼き上がり。天板からはずしてそのまま冷ます。

13

冷めたクッキーのうち半量をポリ袋に入れ、粉糖を加えてやさしくまぶす。

15 ザクザク卵サブレ

**缶にぎっしり入れて
プレゼントにもおすすめ**

我が家の定番クッキーのひとつで、
卵の風味を感じる、ちょっぴり懐かしい味。
ベーキングパウダーを少し入れて
ザクッ、ほろっとくずれるように仕上げます。
大きめの丸型で作るから、食べ応えがありますが、
さらに大きく焼いて食べてもおいしいです。
牛乳と一緒に食べるのが好き！

材料／直径 5.5cm の丸型約 25 枚分

薄力粉	220g
塩	1 g
ベーキングパウダー	2 g
卵	1 個（50g）
植物性油	50g
バニラオイル	3 滴
粉糖	90g
仕上げ用	
┌ 卵黄	1 個分
└ 水	5 ml

01

薄力粉、塩、ベーキングパウダーを
合わせて万能濾し器などでふるう。

02

ボウルに卵、油、バニラオイル、粉糖を入れ、なめらかになってもったりする
まで泡立て器でよく混ぜる。

03

2のボウルに1の粉類を加え、ゴムベラで切るようにしながら混ぜる。

\オーブンを/
\170℃に予熱/

04

ひとつにまとまったらOK。これで
クッキー生地のでき上がり。

05　　　　　　　　　　　06

仕上げ用の卵黄を溶いて水と合わせ
ておく。

4の生地をオーブンシートの上にのせ、上からラップをかけ、めん棒で3mm
ほどの厚さにのばす。

07

ラップをはずして、軽く打ち粉（薄力粉。分量外）をふる。

08

直径 5.5cm の丸型で抜く。

09

残った生地はまとめて、同じようにのばして抜く。

10

オーブンシートを敷いた天板に並べ、5 の卵水をハケでぬる。

11

フォークの背で線を入れて模様をつける。2 方向から入れるといい。

12

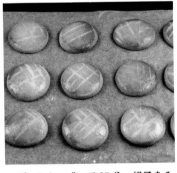

170℃のオーブンで 25 分、様子をみながら焼く。こんがりとしたら焼き上がり。

13

天板からはずしてそのまま冷ます。

16 ざっくりオイルスコーン

**プレーンとチョコチップ、
どちらがお好き？**

簡単に生地をまとめて焼くスコーンです。
焼きたてでも冷めてもしっかりおいしいのが魅力です。
ここで紹介するのは、プレーンタイプとチョコチップ入り。
私はプレーンにジャムをつける派、
子どもたちは断然チョコチップ派。
上手に焼くコツは、さわりすぎない、まとめすぎない、
決して練らないこと。
ざっくり割れたスコーンをぜひ焼いてみてください。

材料／直径6cmの丸型7個分、チョコチップ入りなら8〜9個分

プレーンスコーン

強力粉	150g
薄力粉	100g
グラニュー糖	50g
塩	2g
ベーキングパウダー	6g
植物性油	50g
卵	1個（50g）
牛乳	30ml
バニラオイル	少々
レモン果汁	10ml

チョコチップスコーン

塩以外の材料と分量はプレーンスコーンと同じ	
塩	3g
チョコチップ	150g

仕上げ用（共通）

牛乳	少々

01

プレーンスコーンを作る。ボウルに強力粉、薄力粉、グラニュー糖、塩、ベーキングパウダーを入れ、泡立て器でよく混ぜる。

02

油を加え、カードやゴムベラで切るようにして混ぜ合わせ、なるべくサラサラにする。全体に均一に油と粉の小さなかたまりを作る感じ。

TEXTURE
ボロボロとした感じ

03

別のボウルに卵、牛乳、バニラオイル、レモン果汁を入れて泡立て器でよく混ぜる。

04

3を2のボウルに加え、カードやヘラで切るように混ぜる。

05

粉がうっすら残るくらいになったら、ラップにのせて2.5cm厚さにざっと整えて包む。冷蔵庫で30分冷やす。

TEXTURE
型にも粉をつけて

TEXTURE
1個ずつ牛乳をぬって

06

ラップをはずして強力粉（分量外）をふり、強力粉をつけた丸型で抜く、残った生地は再度まとめ、練らないようにし、同様にのばして抜く。

07

オーブンシートを敷いた天板に並べ、表面にハケで牛乳をぬる。これで必要以上に乾燥しない。

08

190℃のオーブンで23分ほど、こんがりするまで焼く。

09

チョコチップスコーンを作る。作り方1〜2と同様にして生地を混ぜ、チョコチップを加える。

10

別のボウルに卵、牛乳、バニラオイル、レモン果汁を入れて泡立て器でよく混ぜ、9のボウルに加え、カードやヘラで切るように混ぜる。

11

粉がうっすら残るくらいになったら、ラップにのせて2.5cm厚さにざっと整えて包む。冷蔵庫で30分冷やす。

12

作り方6〜8と同様にすすめ、190℃のオーブンで23分ほど、こんがりするまで焼く。

17 しっとりココアマフィン

**濃厚な味わいに
思わずうっとりしそう**

溶かしバターで作る、
濃厚でコクのあるココアマフィン。
インスタントコーヒーを
ほんの少し入れて深みを出します。
難しいバターの乳化の作業がないので、
失敗しにくいのがうれしいところ。
最後に入れるチョコレートがポイント。
お好きな方は2片でも3片でも入れてくださいね。

材料／直径6～7cmのマフィン型6個分

バター（食塩不使用）⋯⋯⋯	50g
卵⋯⋯⋯⋯⋯⋯⋯⋯⋯⋯⋯⋯	2個（100g）
インスタントコーヒー⋯⋯	2g
上白糖⋯⋯⋯⋯⋯⋯⋯⋯⋯	80g
牛乳⋯⋯⋯⋯⋯⋯⋯⋯⋯⋯	60ml
薄力粉⋯⋯⋯⋯⋯⋯⋯⋯⋯	140g
ココアパウダー⋯⋯⋯⋯⋯	20g
ベーキングパウダー⋯⋯⋯	8g
塩⋯⋯⋯⋯⋯⋯⋯⋯⋯⋯⋯	1g
板チョコレート（好みのもの）⋯⋯	6片分
仕上げ用	
［ 粉糖（ノンウェット*）⋯⋯⋯	適量

*ノンウェットの粉糖⋯⋯甘さ控えめで溶けにくいので、
　仕上げ用に適している。

01
\ オーブンを
170℃に予熱 /

マフィン型にグラシンカップを入れる。

02

バターは耐熱容器に入れ、湯せんまたは電子レンジで加熱して溶かす。

03

ボウルに卵、インスタントコーヒーを入れて泡立て器でよく混ぜる。

04

上白糖を加えてよく混ぜ、牛乳を入れてさらによく混ぜる。

05

2の溶かしバターを加えてよく混ぜる。

06

薄力粉、ココアパウダー、ベーキングパウダー、塩を合わせて万能濾し器でふるい入れる。

07

泡立て器でしっかりと混ぜ合わせる。これでココア生地のでき上がり。

08

チョコレートを1片ずつに割る。

09

マフィン型に7の生地を均等に入れる。

10

チョコレートを1片ずつ押し込む。

11

天板にのせ、170℃のオーブンで15〜20分焼く。

12

生地に竹串を刺してみて、何もついてこなければ焼き上がり。粗熱が取れるまでおき、型から出す。

13

仕上げに粉糖をふり、網にのせて冷まします。

18 バナナヨーグルトマフィン

**卵なしで作るのに
しっとり、おいしい**

卵が苦手な人でも安心して食べられる、
卵なしのマフィン。
生地にバナナとギリシャヨーグルトを入れることで
濃厚にしっとりと仕上がり、大満足のおいしさ。
さらに、バナナとナッツをトッピングすることで
味にボリュームが出ます。
ぜひ食品用重曹は入れてみてください。
焼き色も香りもとてもよくなります。

材料／直径6～7cmのマフィン型6個分

薄力粉	150g
ベーキングパウダー	2g
食品用重曹	2g
塩	1g
バナナ（なるべく熟したもの）	大2本
水	30ml
きび砂糖	80g
ギリシャヨーグルト	100g
植物性油	50g
トッピング	
┌ バナナ	1本
└ アーモンド	10粒くらい
仕上げ用	
┌ 粉糖（ノンウェット*。好みで）	適量

*ノンウェットの粉糖……甘さ控えめで溶けにくいので、
　仕上げ用に適している。

01

マフィン型にグラシンカップを入れる。

02

ボウルに薄力粉　ベーキングパウダー、重曹、塩を入れて泡立て器で混ぜる。

03

バナナは適当な大きさに切り、水、きび砂糖とともにフードプロセッサーに入れて撹拌し、ペースト状にする。

04

別のボウルにヨーグルトと油を入れ、泡立て器でざっと混ぜる。

05

別のボウルにヨーグルトと油を入れ、泡立て器でざっと混ぜる。

4のボウルに3を入れ、なめらかになるまでしっかり混ぜる。

06

5を2のボウルに入れて、ゴムベラでさっくりと混ぜ合わせる。混ぜすぎないようにする。

TEXTURE
このくらいで
ストップ

07

トッピング用のバナナを薄切りにする。

08

トッピング用のアーモンドを砕く。アーモンドは塩気のないものの方がいい。

09

1のマフィン型に、6の生地を均等に入れ、バナナとアーモンドをのせる。

10

天板にのせ、170℃のオーブンで25分ほど、こんがりするまで焼く。生地に竹串を刺してみて、何もついてこなければ焼き上がり。

11

粗熱が取れたら型からはずし、好みで粉糖をふる。

19 ふわふわ米粉のカップケーキ

**グルテンフリーで
体にやさしい**

もっちり＆ふわふわで軽い食べ心地、
米粉で作るカップケーキです。
材料を混ぜていくだけだからとっても簡単。
しかも、グルテンフリーだから、
混ぜすぎても全然大丈夫。
プレーンな味なので、
何をトッピングしても合います。

材料／直径6〜7cmのマフィン型6個分

製菓用米粉*	120g
ベーキングパウダー	8g
塩	1g
植物性油	40g
上白糖	70g
レモン果汁	5ml
卵	1個（50g）
牛乳	100ml
グラニュー糖	適量

＊米粉は、富澤商店の製菓用米粉を使用。米粉は
　米の品種やメーカーなどによって生地の感じが変わります。

01

\オーブンを/
\170℃に予熱/

マフィン型にグラシンカップを入れる。

02

ボウルに米粉、ベーキングパウダー、塩を入れ、泡立て器で混ぜる。

03

別のボウルに油と上白糖を入れ、泡立て器でよく混ぜる。

04

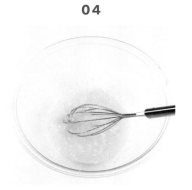

レモン果汁を加えてよく混ぜる。

05

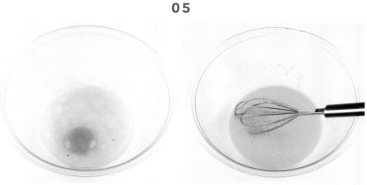

卵を割って4に加え、よく混ぜ合わせる。

06

牛乳を入れてムラのないようによく混ぜる。

07

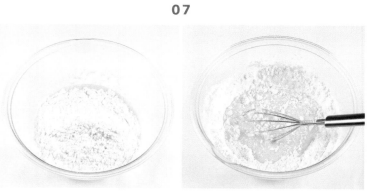

6のボウルに2の粉類を加え、ぐるぐるとよく混ぜる。

88

08

混ぜたあと、そのまま3分ほどおく。とろりとした生地のでき上がり。

09

1のマフィン型に8の生地を均等に入れる。

10

グラニュー糖をひとつまみずつふりかける。

11

天板にのせ、170℃のオーブンで20～25分焼く。

12

生地に竹串を刺してみて、何もついてこなければ焼き上がり。粗熱が取れたら型からはずす。

**さつまいものおいしさを
ギュッと詰め込んだ逸品**

いも掘りの季節になったら必ず作るおやつです。
スイートポテトをケーキに練り込んで
どっしりしすぎず、しっとりを維持。
ケーキとスイートポテトの両方のよさが楽しめる、
バターの香るごちそうケーキです。
さつまいもの甘煮を手作りすると、一層おいしい！

材料／0.8l 容量のホーロー容器*1 個分

さつまいもペースト
　さつまいも（厚めに皮をむいたもの）… 150g
　バニラアイスクリーム ─────── 50g
　グラニュー糖（好みで）────── 10g
　塩 ──────────────── 1 g
さつまいもの甘煮（p.93 参照）───── 全量
薄力粉 ─────────────── 50g
ベーキングパウダー ────────── 2 g
塩 ─────────────────── 1 g
バター（食塩不使用）───────── 50g
植物性油 ───────────── 30g
バニラオイル ───────────── 3 滴
グラニュー糖 ─────────── 50g
卵 ───────────── 1 個（50g）
レモン果汁 ─────────── 10ml
黒炒りごま ─────────────── 少々
仕上げ用
　バター（食塩不使用）──────── 10g

＊ホーロー容器は、野田琺瑯のレクタングル浅型 S（0.8l 容量）を使用。

準　備

・さつまいもは皮をむいて 30 分水にさらす。

・バターは室温に戻してやわらかくする。

・卵は室温に戻す。

01

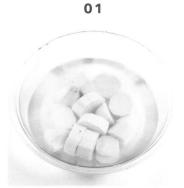

さつまいもペーストを作る。さつまいもは水気をきって鍋に入れ、新たにたっぷりの水と酢 10ml（分量外）を入れて火にかけ、やわらかくゆでる。

02

水気をきってボウルに入れ、粗熱が取れたらバニラアイスクリームを加え、めん棒でざっとつぶす。味をみてグラニュー糖を足し、塩を入れて混ぜる。

03

2 をフードプロセッサーに入れて撹拌し、ペースト状にする。

オーブンを
170℃に予熱

04

左はさつまいもの甘煮（p.93 参照）、右はさつまいもペーストのでき上がり。このまま待機。

05

ホーロー容器にオーブンシートを敷く。

TEXTURE
なめらかに
なるまで

06

薄力粉、ベーキングパウダー、塩を合わせて万能濾し器でふるう。

07

別のボウルにバター、油、バニラオイルを入れ、泡立て器でクリーム状になるまで混ぜ、グラニュー糖を加えてよく混ぜる。

08

卵を割り入れてよく混ぜ合わせ、ク
リーム状になったらレモン果汁を加
えてよく混ぜる。

09

6の粉類を加え、ゴムベラで切るよ
うにして混ぜ合わせる。

10

粉気がまだ少し残っているときに4
のさつまいもペーストを入れ、切る
ように混ぜる。生地のでき上がり。

11

ホーロー容器に入れて表面をなら
し、4のさつまいもの甘煮を差し込
み、黒ごまをふる。

＼おやつにも！さつまいもの甘煮／

材料／作りやすい分量

さつまいも	200g
グラニュー糖	30g
酢	5 ml
塩	1 g
はちみつ	20g

準備

・さつまいもは皮つきのまま
1.5cm くらいの厚さの
輪切りにし、水に3〜4
時間つけ、水気をきる。

12

天板にのせ、170℃のオーブンで40
分ほど焼く。熱いうちに仕上げのバ
ターをぬる。

01

フライパンにさつまいも
を並べ、かぶるくらいの
水（分量外）、グラニュー
糖、酢、塩を入れる。中
心に穴をあけたオーブン
シートをぴったりとの
せ、火にかけ、煮立った
ら弱火でコトコト煮る。

02

さつまいもに火が通っ
たら、オーブンシートをは
ずし、はちみつを加えて
フライパンをゆすりなが
ら溶かし、煮汁が半量程
度になるまでコトコト煮
る。

03

火を止め、穴をあけてい
ないオーブンシートを
ぴったりとのせて冷ま
し、味を落ち着かせる。

ひまわりオレンジケーキ

**ひと口食べると
甘くさわやかな香りが広がる**

オレンジの実と自家製オレンジピールで作る、
香り高いアップサイドダウンケーキです。
オレンジを放射状に並べてから生地を流すので、
ひっくり返すとひまわりのように見えてかわいい。
生地はふわふわなカステラのようにきめ細かいので、
冷やして食べるのもおすすめです。

材料／直径18cmの丸型・底抜きタイプ1台分

オレンジ	1個
オレンジピール用	
グラニュー糖	30g
コアントロー	20ml
薄力粉	100g
強力粉	30g
塩	1g
ベーキングパウダー	1g
食品用重曹	2g
卵	2個（100g）
グラニュー糖	100g
植物性油	70g
牛乳	20ml
オレンジジュース（果汁100%）	30ml
仕上げ用	
オレンジマーマレード	適量
コアントロー	少々
粉糖（ノンウェット*）	少々

＊ノンウェットの粉糖……甘さ控えめで溶けにくいので、
　仕上げ用に適している。

01

オレンジピールを作る。オレンジは
オレンジ色の皮の部分だけを薄くむ
く。白い部分は苦いので避ける。

02

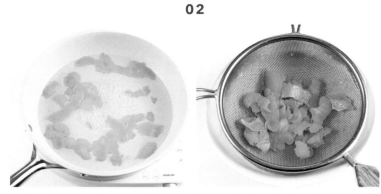

1の皮を沸騰した湯で3分ほどゆで、ザルにあげて水気をきり、冷ます。

03

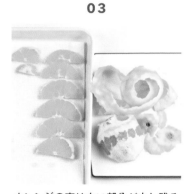

オレンジの実は白い部分が少し残る
程度にむき、断面を見せるように半
月状に薄切りにし、ペーパータオル
の上に並べる。上からもペーパータ
オルをのせて水気を取る。

04

2の皮をみじん切りにし、フライパンに入れ、グラニュー糖、コアントローを
加える。

TEXTURE
煮詰める
ような感じ

05

中火にかけ、全体がとろっとするまで焦げないようにして煮て、容器に入れて
冷ます。オレンジピールのでき上がり。

06

型にオーブンシートを敷き、3のオ
レンジを少しずつ重ねながら放射状
に型に敷き詰める。

07

ボウルに薄力粉、強力粉、塩、ベーキングパウダー、重曹を入れ、泡立て器で混ぜる。

\オーブンを/
\170℃に予熱/

08

別のボウルに卵、グラニュー糖を入れてハンドミキサーで泡立て、とろりとしたらやめる。

09

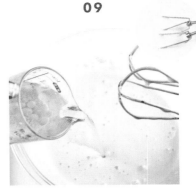

油、牛乳、オレンジジュースを加え、ハンドミキサーで2分ほど泡立てる。

10

7の粉類を加え、中央からゆっくりと泡立て器で混ぜる。

TEXTURE
粉気が
なくなるまで

11

5のオレンジピールを加えて混ぜ合わせ、6の型にそっと流し入れる。

12

型をトントンと台に落として空気を抜き、天板にのせ、170℃のオーブンで40〜45分焼く。網の上にオーブンシートを広げ、型ごと逆さにし、そっと型とオーブンシートをはずす。

13

マーマレードにコアントローを加えて少し煮詰め、ハケでぬってツヤを出し、粉糖をふる。好みでローズマリー（分量外）をのせる。

22 クイックバナナパン

シンプルだから
思い立ったらすぐ作れる

乳製品を使わないクイックブレッドです。
ほんのり甘いやさしい味で、
食事のおともにもOK。
我が家では、パンを切らしているときや
バナナを使いたいときに、登場します。
焼きたては生地のおいしさをそのまま楽しんで、
冷めたらトーストしてジャムをのせて食べるのが好き。

材料／0.5l 容量のホーロー容器*1 個分

薄力粉	200g
グラニュー糖	50g
塩	2g
ベーキングパウダー	10g
バナナ（よく熟したもの）	1本
レモン果汁	5ml
水	150ml
オートミール	適量

＊ホーロー容器は、野田琺瑯のレクタングル深型S（0.5l 容量）を使用。

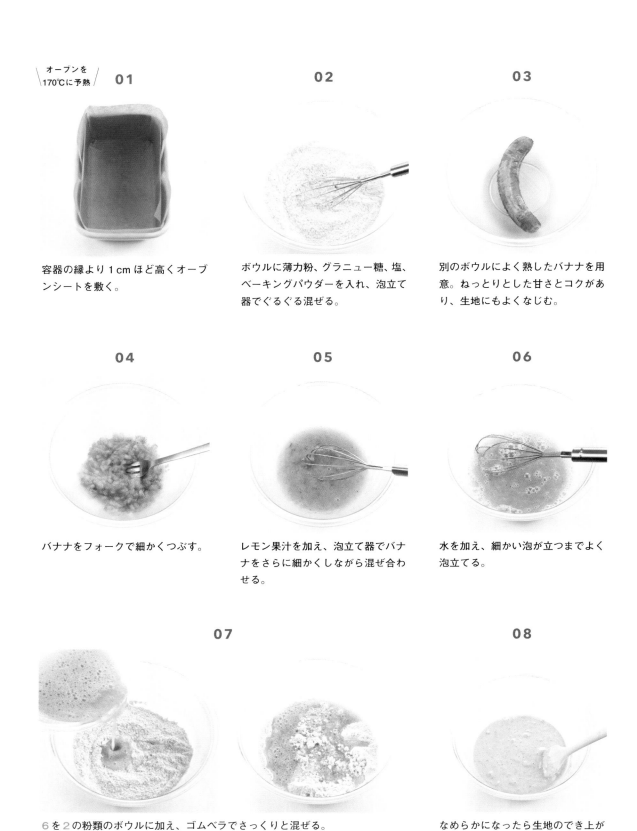

01 オーブンを 170℃に予熱

容器の縁より1cmほど高くオーブンシートを敷く。

02

ボウルに薄力粉、グラニュー糖、塩、ベーキングパウダーを入れ、泡立て器でぐるぐる混ぜる。

03

別のボウルによく熟したバナナを用意。ねっとりとした甘さとコクがあり、生地にもよくなじむ。

04

バナナをフォークで細かくつぶす。

05

レモン果汁を加え、泡立て器でバナナをさらに細かくしながら混ぜ合わせる。

06

水を加え、細かい泡が立つまでよく泡立てる。

07

6を2の粉類のボウルに加え、ゴムベラでさっくりと混ぜる。

08

なめらかになったら生地のでき上がり。

09

1の容器に流し入れ、表面をならす。

10

オートミールを全体にのせる。天板にのせ、170℃のオーブンで35〜40分、こんがり色がつくまで焼く。

11

竹串を刺してみて、何もついてこなければ焼き上がり。オーブンから出して粗熱を取る。

12

容器から取り出し、網にのせて冷ます。

好きな厚さに切ってトーストし、ジャムをのせて朝食に。おやつにもなる、主食にもなる、ほんのり甘いバナナパンです。

23 米粉パンのあんバターサンド

もっちり、しっとり。
最近注目の米粉パンでおやつ

米粉パンの作り方は、思いのほか簡単。
米粉にはグルテンが含まれていないので、
混ぜ方や混ぜる時間を気にしなくてもよく、
とにかくぐるぐると混ぜるだけ。
一次発酵だけで焼くから、小麦粉のパンより時短。
米の自然な甘さがあり、あんことの相性も二重丸!

材料／20 × 8.6 ×高さ 8.5cm のパウンド型 1 台分

米粉パン
パン用米粉*	300g
片栗粉	20g
ドライイースト	6 g
塩	4 g
ベーキングパウダー	2 g
はちみつ	30g
ぬるま湯	240ml

仕上げ用
植物性油	少々
小倉あん（市販）	適量
バター（有塩）	適量

＊米粉は、富澤商店のパン用米粉
「ミズホチカラ」を使用。米粉は米の品種や
メーカーなどによって生地の感じが変わります。

準 備

・パウンド型の内側にオイルスプレーを
　吹きつける、またはオーブンシートを敷く。

使ったパウンド型は富澤商店「パ
ンも焼ける大きめパウンド型」。

01

米粉パンを作る。ボウルに米粉、片栗粉、ドライイースト、塩、ベーキングパウダーを入れ、泡立て器でよく混ぜる。

02

別のボウルにはちみつとぬるま湯を入れ、泡立て器で混ぜて溶かす。

03

2を1のボウルに入れてぐるぐると混ぜる。50回くらい。

04

オーブンを
180℃に予熱

パウンド型に流し入れてラップをし、2倍くらいになるまでしっかり発酵させる。室温で40〜50分が目安だが、時間ではなく見た目で判断する。過発酵に気をつける。

05

そっと持ち上げて天板にのせ、180℃のオーブンで25分焼き、200℃に上げて8分焼く。

06

焼いている間に油とハケを用意。焼きはじめて10分後にオーブンの扉を一度開け、生地の表面に油をぬる。

07

焼き上がり。途中で油をぬっているので、おいしそうな焼き色がついてツヤが出る。

08

型から出してパンを横に倒して網に
のせ、粗熱を取る。まだ温かいうち
にポリ袋に入れ、完全に冷ます。

09

パンが冷めたら好きな厚さに切り分
け、2枚一組にし、オーブントース
ターなどでしっかり焦げ目がつくま
で焼く。

10

パンが冷めたら好きな厚さに切り分け（省略）

1枚には小倉あんとバター、もう1
枚には小倉あんをのせる。

11

小倉あんとバターをはさむようにし
て重ね、手で少し押さえて落ち着か
せる。このまま、または半分に切り
分ける。

米粉パンはパウンド型で作ります

米粉で作るパン生地はゆるいので、手でこねたり成形したりすることができません。なので、型に流して焼き上げます。今回使った型は富澤商店「パンも焼ける大きめパウンド型」（20 × 8.6 ×高さ8.5cm）、1200ml容量の少し大きめサイズです。パウンド型さえあれば比較的どなたでも挑戦しやすく、焼き上がってスライスすれば角食パンと同じように食べることができます。

米粉パンはトーストするとフランスパンのようなカリカリザクザクの食感になるので、ブルスケッタやあんバターサンドなどにするのがおすすめ。

また、蒸し器で蒸すとふんわり、もちっとして、バターやジャムをのせて食べると最高。ぜひ米粉パンも手作りおやつメニューに加えてください。

【米粉パンのブルスケッタ】

作り方（4切れ分）

1　ボウルに好きなチーズ40g、おろしにんにく1片分、オリーブオイル大さじ1、ドライバジル、塩、こしょう各少々を入れて混ぜる。
2　トマト1個を半分に切って種を除き、さいの目に切り、1に加えて混ぜる。
3　米粉パンのスライス4枚をオーブントースターでカリッと焼き、2をのせ、レモンの薄切りを飾る。

【米粉パンの蒸しパン】

作り方

1　米粉パンをスライスし、深めの竹ザルに入れておく。
2　鍋に蒸しザルをセットしてザルの下まで水を張り、中火にかけ、沸騰したら弱火にし、1を入れて蒸して温める。
3　温かいうちにバターをのせる。好みでジャムやマーマレードをプラスしても。

PART 5

冷蔵庫
で作る

―――――――

のど越しのいい杏仁豆腐、なめらかな口当たりのムース、
ムースとカステラを組み合わせたムースケーキなど、
冷蔵庫で冷やしかためて仕上げるひんやりデザートが
このパートの主役。夏だけでなく、一年中
おいしく食べられるおやつをセレクトしました。
冷蔵庫を開けたときにおやつが入っていると
ちょっとうれしいですよね。だから
どれも多めに作って冷蔵庫へ。
冷凍庫で作るミルキーなアイスクリームと
フルーツシャーベットもご紹介します。

24 いつもの杏仁豆腐

バットでどーんと作って、好きなだけ食べてね！

寒天と牛乳で作る、昔ながらの懐かしい杏仁豆腐です。
ツルンとしたのど越しで、季節を問わず大人気。
ここでは、練乳でコクを出し、
アーモンドエッセンスで香りをつけた、
簡単に作れるレシピをご紹介します。
かたまった杏仁豆腐に切り込みを入れておくと
シロップをかけたときにふわっと浮いて、ちょっと本格派。

材料／500ml 容量のバット 1 個分

粉寒天	5 g
水	100ml
グラニュー糖	30g
牛乳	400ml
練乳	30g
アーモンドエッセンス	10 滴
シロップ	
水	300ml
レモン果汁	20ml
グラニュー糖	70g
アーモンドエッセンス	10 滴
クコの実	適量

01

粉寒天と水を鍋に入れて中火にかけ、泡立て器で混ぜながら温め、しっかり沸騰させて寒天を溶かす。

02

極弱火にしてグラニュー糖を加え、火からおろして混ぜ、グラニュー糖を溶かす。

03

牛乳と練乳を耐熱ボウルに入れ、電子レンジで約2分加熱して人肌程度に温め、2に加える。

04

すぐに混ぜ合わせる。寒天液が熱いうちに素早く作業すること。

05

弱火にかけ、沸騰直前まで混ぜながら温める。

06

火からおろし、アーモンドエッセンスを加えて混ぜ、スプーンで表面の泡をすくい取る。

07

茶濾しで濾しながらバットに流し入れる。

08

常温でかたまるので、かたまったら冷蔵庫に入れてしっかり冷やす。

09

シロップを作る。鍋に水、レモン果汁、グラニュー糖を入れて中火にかけ、沸騰したら火を弱めて5分ほど煮る。

10

火を止め、粗熱が取れたらアーモンドエッセンスとクコの実を加える。

11

ボウルに移し、冷蔵庫に入れてしっかり冷やす。

12

杏仁豆腐がしっかり冷えたら、ナイフや包丁で斜め格子状に切り込みを入れる。

13

冷やしておいたシロップを静かに流し入れる。

14

バットを少しゆすって杏仁豆腐を浮かせる。シロップごと器に取り分ける。

25 バターチョコレートムース

**高級感のある
スペシャルおやつ**

ふんわりとして口当たりなめらか、
みんなの好きなチョコレートのムースです。
材料はいたってシンプル。少しのバターで作るのに、
濃厚なチョコレート味に驚きます。
ホーロー容器で手軽に作れるのも魅力。
いちごやラズベリーと一緒に盛りつけてもいいですね。

材料／0.5l 容量のホーロー容器* 1 個分

生クリーム（脂肪分 40% 以上）	200ml
グラニュー糖	40g
バニラエッセンス	3 滴
板チョコ（ダーク）	2 枚（100g）
塩	0.5g
バター（食塩不使用）	20g

＊ホーロー容器は、野田琺瑯のレクタングル深型S（0.5l 容量）を使用。

準　備

・バターは室温に戻してやわらかくする。

113

01

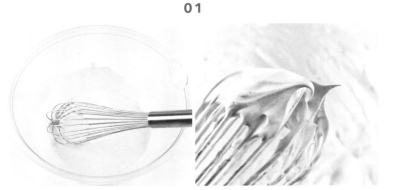

ボウルに生クリームとグラニュー糖 30g、バニラエッセンスを入れ、泡立て器で角が立つまでしっかり泡立てる。そのまま冷蔵庫に入れておく。

02

チョコレートを包丁で刻む。飾り用に少し取り分けておく。

03

TEXTURE
とろりと
なめらかに

熱伝導がよいステンレスボウルにチョコレートとグラニュー糖 10g、塩を入れ、湯せんにかけ、ゴムベラで練りながらゆっくり溶かす。

04

湯せんにかけたまま、バターを入れてよく混ぜて溶かす。

05

ガナッシュのでき上がり。そのまま湯せんにかけておく。

06

1の泡立てたクリームを冷蔵庫から取り出し、50g だけ小ボウルに移して冷蔵庫へ戻す。

07

5のガナッシュ、50g 以外のクリームを用意。

08

クリームをガナッシュのボウルにひとすくい入れ、泡立て器で混ぜる。

09

残りのクリームをガナッシュのボウルに入れる。

10

ゴムベラでさっくりと混ぜ合わせる。ムラのないように、やさしく混ぜる。

11

容器に入れ、トントンと台に落として空気を抜いて表面をならす。

12

残しておいた6のクリームをのせ、取り分けておいた2のチョコレートを飾り、冷蔵庫でしっかり冷やす。スプーンですくって取り分ける。

26 おばあちゃんの ヨーグルトムース

**冷やしてよし、凍らせてよし。
昔ながらの懐かしおやつ**

私が最初に覚えた、お菓子作りをするきっかけになった
思い出のおやつです。子どもの頃、祖母の家に行くたびに
用意してくれていたのがこのお菓子で、
私と妹がたくさん食べるので、おかわりできるように
手軽な保存容器で作ってくれていました。
レモンの風味とバニラの香りのヨーグルトムースと
甘いカステラのコンビが、
昭和の雰囲気たっぷりで大好きです。

材料／1100ml 容量の正方形保存容器 1 個分

カステラ	3 切れ
粉ゼラチン	5g
水	20ml
プレーンヨーグルト	200g
レモン果汁	8ml
グラニュー糖	40g
バニラエッセンス	3滴
生クリーム（乳脂肪分 40％以上）	100ml

準 備

・ヨーグルトは室温に戻す。

01

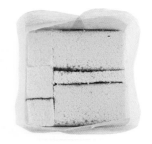

カステラは半分の厚さに切る。容器にオーブンシートを敷き、カステラの半量を敷き詰める。

02

粉ゼラチンは水にふり入れて、ふやかす。

03

ボウルにヨーグルトを入れ、レモン果汁、グラニュー糖30g、バニラエッセンスを加え、泡立て器でぐるぐる30回ほど混ぜる。

04

2のゼラチンを電子レンジで約20秒加熱して溶かす。沸騰させない程度に熱くする。

05

3のボウルに4のゼラチン液をすぐに加え、よく混ぜる。室温で待機。

06

TEXTURE
このくらい
しっかりと

別のボウルに生クリームとグラニュー糖10gを入れ、泡立て器でしっかりと泡立てる。角が立つくらい。

07

泡立てたクリームを5のボウルに加え、泡立て器で混ぜ合わせる。ぐるぐる混ぜてOK。

TEXTURE
ムラなく
混ぜて

08

1の容器のカステラの上に流し入れてならす。

09

ムース生地の上に残りのカステラを
敷き詰める。

10

ふたをして、冷蔵庫に3時間以上入
れて、しっかり冷やす。

11

ムースがかたまったら、オーブン
シートをそっと持ち上げて容器から
取り出す。

12

オーブンシートの側面をゆっくりと
はがす。これでサンドイッチ状態に
なる。

13

好きな大きさに切り分けて器に盛り、
好みのハーブ（分量外。あれば）を
飾る。

27 さっぱりミルクアイス、濃厚チョコレートアイス

**いつ食べても飽きない、
アイスクリーム2種**

ミルクアイス、チョコレートアイス、
どちらも卵なしで作るタイプです。
ミルクアイスはミルキーでナチュラルなおいしさ、
チョコレートアイスはビターチョコのコクを生かした
濃厚な味わい。
その日の気分でどちらかを作ってもいいし、
両方作ってダブルで楽しんでも！

材料／450ml 容量の冷凍可能保存容器それぞれ1個分

さっぱりミルクアイス

牛乳	400ml
グラニュー糖	80g
コーンスターチ	8g
バニラエッセンス	7滴

オールブラン ブランフレーク ……… 適量

濃厚チョコレートアイス

牛乳	300ml
グラニュー糖	50g
コーンスターチ	8g
板チョコ（ダーク）	100g
インスタントコーヒー	0.5g

オールブラン ブランチョコフレーク …… 適量
ミックスナッツ ……………………… 少々

01

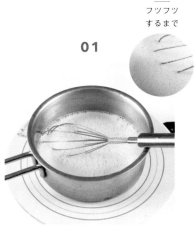

さっぱりミルクアイスを作る。鍋に牛乳、グラニュー糖、コーンスターチを入れ、中火にかけ、泡立て器でかき混ぜながら温める。

02

フツフツしてきたら火を弱め、コトコト5分ほど煮る。火を止めてバニラエッセンスを加える。

03

バットに流し入れ、冷凍庫に入れて凍らせる。

04

凍ったら冷凍庫から取り出し、フォークなどを使ってかき取る。

05

フードプロセッサーに入れて撹拌し、空気を含ませてなめらかにする。

06

保存容器に入れ、冷凍庫に戻して再び凍らせる。食べるときまでそのまま。

07

冷凍庫から出して少しやわらかくし、ブランフレークを入れた器に盛る。いちご（分量外）を切って添え、砕いたブランフレークを散らす。

01

濃厚チョコレートアイスを作る。板チョコは刻む。

02

鍋に牛乳、グラニュー糖、コーンスターチを入れて弱火にかけ、泡立て器でかき混ぜながら温め、1のチョコを入れる。

03

インスタントコーヒーも加えて弱火で混ぜながら溶かし、少し火を強め、混ぜながらとろみがつくまで煮る。焦げやすいので注意。

04

とろみが出たらすぐに火からおろし、バットに流し入れ、冷凍庫に入れて凍らせる。

05

凍ったら冷凍庫から取り出し、フォークなどを使ってかき取る。

06

フードプロセッサーに入れて撹拌し、空気を含ませてなめらかにする。

07

保存容器に入れ、冷凍庫に戻して再び凍らせる。食べるときまでそのまま。

08

冷凍庫から出して少しやわらかくし、ブランチョコフレークを入れた器に盛る。バナナ(分量外)を切って添え、砕いたミックスナッツを散らす。

ひんやり、シャキシャキ！
自家製シャーベット2種

いちごとレモンの香りを楽しむ、
余分なものは入れないシンプルなシャーベットです。
いちごはできるだけ赤いものを選び、
その色と甘みを生かします。
レモンはできれば国産のものを使い、
皮も少し入れ、ジューシーで香りよく仕上げます。
フレッシュなフルーツで作ると
その香りのよさにびっくりします。

材料／450ml容量の冷凍可能保存容器それぞれ1個分

いちごシャーベット

いちご	100g
レモン果汁	15ml
水	200ml
グラニュー糖	60g
コーンスターチ	2g
粉ゼラチン（湯に溶けるタイプ）	2g

レモンシャーベット

レモン（国産*）	3個
水	300ml
グラニュー糖	80g
コーンスターチ	3g
粉ゼラチン（湯に溶けるタイプ）	2g

＊国産でない場合は、皮をしっかりと洗ってから使う。

01

いちごシャーベットを作る。鍋に水、グラニュー糖、コーンスターチを入れ、泡立て器で混ぜながら中火にかけ、沸騰したら弱火で2分ほど煮る。

02

火を止め、粉ゼラチンをふり入れ、混ぜて溶かす。

03

バットに流し入れて粗熱を取る。このまま待機。

04

いちごはヘタの部分を切り落とし、半分に切ってフードプロセッサーに入れ、レモン果汁を加えて撹拌し、ピュレ状にする。

05

粗熱が取れた3のバットに加え、泡立て器で混ぜ合わせる。冷凍庫に入れて凍らせる。

06

凍ったら冷凍庫から出し、フォークなどでかき取る。

07

フードプロセッサーに入れて撹拌し、空気を含ませてなめらかにする。

08

保存容器に入れ、冷凍庫に戻して再び凍らせる。冷凍庫から出したてはかたいので、しばらく室温でやわらかくしてから器に盛る。

01

レモンシャーベットを作る。レモンは皮の黄色い部分を⅙個分ほど薄くむく。実は半分に切り、種が入らないように茶濾しの上で果汁を搾る。残り2個も果汁を搾る。3個分で約60mlになる。

02

鍋に水、グラニュー糖、コーンスターチ、レモンの皮を入れて中火にかけ、泡立て器で混ぜながら温める。途中、レモン果汁を加える。

03

沸騰したら弱火にして2分ほど煮て、火を止めて粉ゼラチンをふり入れ、混ぜて溶かす。

04

バットに流し入れ、粗熱が取れるまでおく。レモンの皮を取り除き、冷凍庫に入れて凍らせる。

05

凍ったら冷凍庫から出し、フォークなどでかき取る。

06

フードプロセッサーに入れて撹拌し、空気を含ませてなめらかにする。

07

保存容器に入れ、冷凍庫に戻して再び凍らせる。冷凍庫から出したてはかたいので、しばらく室温でやわらかくしてから器に盛る。

gemomoge
フードフォトグラファー・調理師。2016年から、はてなブログでカナ
ダとアメリカ在住の間に習得した現地の焼き菓子を中心にレシピを公
開、延べ1000万以上のアクセスを誇る。日々のお菓子作りを投稿して
いるインスタグラムも人気で、10.4万人（2023年1月現在）のフォロワ
ーを獲得。不定期にお菓子・お料理教室を開催、YouTubeでの動画
配信も開始するなど、多チャンネルでお菓子作りの楽しさを発信しな
がら、3人の子育てに奮闘中。

ブログ『さっさっさっと今日のおやつ』
https://www.gemomoge.net/
インスタグラム
@gemomoge
YouTubeチャンネル
gemomoge's kitchen

おやつの時間
毎日作れる秘密のレシピ

2023年3月9日　初版発行

著者／gemomoge

発行者／山下 直久

発行／株式会社KADOKAWA
〒102-8177　東京都千代田区富士見2-13-3
電話 0570-002-301(ナビダイヤル)

印刷所／凸版印刷株式会社

忙しいなら

ピラティス
以外
ぜんぶ
やめていい

優木まおみ